평범한 우리 어린이들을 다음 세대
위인으로 만들어 줄 교과서 위인 이야기!
효리원의 교과서 위인 이야기는 초등학교
교과 과정에 나오는 국내외 위인들을, 우리나라
최고 아동 문학가 53인이 재미있게 동화로 구성했습니다.
지혜와 용기로 위대한 삶을 산 위인들의 이야기는,
어린이들의 마음속에 '나도 할 수 있다.'는
희망의 씨앗을 심어 줄 것입니다!

일러두기

1. 띄어쓰기와 맞춤법 : 초등학교 국어 교과서와 국립국어원의 『표준국어대사전』을 기준으로 하였습니다.

2. 외래어 지명과 인명 : 국립국어원의 『외래어 표기 용례집』을 기준으로 하였습니다.

3. 이해가 어려운 단어 : ( ) 안에 뜻풀이를 하였습니다.

4. 작가 연보 : 연도와 함께 나이를 표기하고, 업적을 간략히 소개하였습니다. 우리나라 위인은 태어난 해를 한 살로 하였고, 외국 위인은 만 나이를 한 살로 하였습니다. 정확한 자료가 없는 위인은 연도와 업적만을 나타냈습니다.

5. 내용 구성 : 위인의 삶은 역사적 자료를 바탕으로 최대한 사실적으로 구성하였습니다. 그러나 읽는 재미를 위해 대화 글이나 배경 묘사, 인물의 감정 표현 등에 작가의 상상력을 가미하였습니다.

6. 그림 구성 : 문헌을 바탕으로 위인이 살던 시대를 충실히 나타내도록 하되 복식의 색상이나 장식, 소품, 건물 등은 작가의 상상으로 그렸습니다.

7. 내용 감수 : 각 분야의 전문가들로 구성된 편집 위원들이 꼼꼼히 감수를 하였습니다.

편집 위원

김용만(우리역사문화연구소장)
교과서에서 만나는 위인들을 중심으로 일화와 함께 그림과 사진을 곁들여 지루하지 않게 읽을 수 있습니다. 술술 읽다 보면 학교 공부에도 많은 도움이 될 것입니다.

신현득(동시인, 전 새싹회 회장)
우리가 자주 듣고 접하는 역사 속 실존 인물들이 자신의 꿈을 이루기 위해 어떻게 노력했는지 깨달아 가면서 우리 어린이들은 한층 더 성숙해질 것입니다.

윤재운(동북아역사재단 연구 위원)
위인전을 읽으면서 어린이들은 시대를 넘어 간접 체험을 할 수 있습니다. 어떻게 살아야 하는지 인생에 대한 동기 부여와 함께 삶이 보다 풍요로워질 것입니다.

이은경(철학 박사, 전북과학대 유아교육학과 교수)
한 사람의 인격과 품성은 어릴 때 형성됩니다. 따라서 초등학교 저학년 때 어떤 책을 읽느냐에 따라 생각의 크기가 달라집니다. 어린이의 미래를 위해 이 책은 꼭 읽어야 합니다.

이창열(하버드 물리학 박사, 전 국가과학기술자문회의 전문 위원)
세상을 바꾼 위대한 인물의 이야기는 어린이의 인성 및 감성 발달에 큰 영향을 미칠 뿐 아니라 실험 정신과 개척 정신을 길러 줍니다. 용기와 지혜로 세상을 헤쳐 나가는 당당한 어린이를 꿈꾼다면 이 책은 꼭 한번 읽어 보아야 합니다.

정재도(한글학자)
위인으로 일컬어지는 이들은 어떤 생각을 하고, 어떤 삶을 살았을까요? 그들의 흔적을 담은 위인전은 복잡한 현대를 이끌어 갈 우리 어린이들에게 나침반과 같은 역할을 할 것입니다.

조수철(서울대학교 의과대학 소아정신과 교수)
위인전은 시대와 신분, 업적이 다른 위인들의 삶이 다양하고 흥미롭게 구성되어 있어 손쉽게 여러 삶의 모습을 만날 수 있습니다. 용기 있게 고난을 헤쳐 나간 위인의 이야기를 통해 삶의 지혜를 배울 수 있을 것입니다.

청렴결백으로 유명한
조선 제일의 재상
황 희

김재원 글 / 김옥재 그림

효리원
hyoreewon.com

어린이들에게 위인전을 읽히면 세상을 보는 눈이 깊어지고 넓어질 뿐만 아니라 올바른 태도가 싹트게 됩니다.

이 책을 읽은 어린이들에게 독서 지도를 하는 방법은 크게 두 가지로 나눌 수 있습니다.

첫째는 줄거리를 간추려 보도록 하는 것입니다. 어린이가 이 책의 내용을 제대로 이해하는지, 아래와 같은 질문들을 통해 알아볼 수 있습니다.

- 황희 정승이 태어난 곳은 어디인가?

- 여느 사람들과 견주어 어떤 점이 다른가?

- 하인들을 어떻게 대했는가?

- 황희 정승이 한 일 가운데 잘못한 일은 무엇이며, 그렇게 생각한 까닭은 무엇인가?

- 세종 임금이 황희 정승을 특별히 아낀 이유는 무엇인가?

어린이 스스로 또 다른 문제를 내고 그에 따른 답을 말하게 하면 더욱 좋습니다. 질문거리를 마련한다는 것은 대상에 대한 이해가 충분히 이루어졌음을 뜻하기 때문입니다.

두 번째는 다음과 같이 독후 감상 지도를 해 보시기 바랍니다.

황희 정승에게 하고 싶은 말을 편지글로 써 보게 합니다. 황희 정승이 잘한 일, 내가 본받을 점, 나와 견주어 다른 점, 황희 정승이 고쳐야 할 점, 황희 정승에게 부탁하고 싶은 말, 이 책을 읽은 느낌, 오늘날의 생활과 비교해 보기 등을 담으면 됩니다.

이 책의 내용 가운데 가장 감동적인 장면을 골라 그림으로 나타내게 하는 것도 좋은 방법입니다. 전체 내용을 간추려 4칸 만화로 그리게 하면 한층 흥미로워합니다.

또 황희 정승에게 주는 상장을 만들어 보게 하십시오. 상을 만들 때는 상을 받을 사람, 상을 주는 이유, 상을 주는 사람 등이 나타나야 하겠지요. 이 과정을 통해 어린이들은 많은 것들을 생각하고 배우게 될 것입니다.

황희 정승은 세종 임금 때 영의정을 지낸 분입니다.

그는 아무리 힘이 들어도 좋은 일이라면 끝까지 해냈습니다.

또한 잘못된 일을 보면 그냥 넘어가지 않았습니다. 그 때문에 다른 사람으로부터 미움을 받더라도 반드시 고치려고 애썼습니다.

황희 정승은 가난한 사람들을 돕는 데 인색하지 않았고, 하인일 지라도 너그럽게 대해 주었습니다. 백성들은 그런 황희 정승을 부모님처럼 여기고 따랐습니다.

세종 임금도 황희 정승을 존경하고 사랑했습니다.

황희 정승은 오랫동안 높은 벼슬자리에 있었지만 가난하게 살았습니다. 돈을 탐내지 않았기 때문입니다.

여러분도 황희 정승의 이야기를 읽고 훌륭한 점을 많이 배우기 바랍니다.

글쓴이 김재원

차례

마음이 넓은 아이

황희는 개성에서 태어났습니다. 어렸을 때 그는 몸이 아주 약했습니다. 그래서 부모님이 보약을 챙겨 먹이며 정성껏 돌보아 주었습니다. 그 덕분에 황희는 자라면서 차츰 몸이 튼튼해졌습니다.

다섯 살이 된 황희는 서당에 다녔습니다. 서당은 지금의 학교와 같습니다. 그곳에는 나이가 비슷한 친구들이 많았습니다. 황희는 책을 읽고 붓글씨를 쓰며 열심히 공부했습니다. 그리고 쉬는 시간이면 밖에 나가서 놀았습니다.

하루는 친구들과 수수깡으로 집을 만들었습니다. 다른 아이들은 흔히 볼 수 있는 집을 본떴습니다. 그런데 황희는 낯선 모양의 집을 만들었습니다. 집 둘레에 높은 담이 있었습니다. 친구들이 황희에게 물었습니다.

"야, 그게 어떻게 집이냐?"

"응, 이건 적이 쳐들어오는 걸 막을 수 있는 집이야."

황희가 살던 때는 북쪽에서 적군이 곧잘 쳐들어왔습니다.

"그럼 이건 또 뭐냐?"

친구들은 담장보다 더 높은 것을 가리키며 물었습니다.

"그건 망루다. 우리 군사들이 망을 보는 곳이야. 적군이 나타나면 얼른 나팔을 불지."

"응, 그거 참 좋은 생각이

네. 넌 장군을 해도 되겠다.”

그때 심술꾸러기로 소문난 아이가 다가오더니 황희가 만든 집을 발로 밟았습니다.

“흥, 잘난 척하지 마. 이런 건 아무나 만들 수 있어!”

그걸 지켜보던 한 친구가 주먹을 불끈 쥐고 나섰습니다.

“네가 뭔데 남의 집을 함부로 부수는 거야? 내 주먹 맛 좀 볼래?”

“너 지금 나한테 덤비겠다는 거냐? 좋아, 한판 붙자!”

두 아이가 주먹을 쳐들며 싸우려는 순간이었습니다.

황희가 중간에 나서서 말렸습니다.

“잘 놀다가 왜들 싸우는 거야? 적과 싸워야지, 우리끼리 싸우면 되겠니?”

그러나 두 아이는 싸움을 그치지 않았습니다.

황희는 자신이 애써 만든 수수깡 집을 발로 차 버렸습니다. 수수깡 집은 엉망으로 부서졌습니다. 아이들은 깜짝 놀랐습니다.

"애써 만든 집을 다 부수면 어떡하니?"

"이 장난감 집 때문에 싸우는 건 싫어. 난 이런 집을 가지는 것보다 너희들과 사이좋게 노는 것이 더 좋아."

여러 친구들이 그 말을 듣고 머리를 끄덕였습니다.

싸움을 하던 두 아이도 손을 잡고 웃었습니다.

산새 알을 살리려고

황희가 집 앞에서 친구들과 놀고 있을 때였습니다. 옆집 하인이 나무를 하러 가다가 불쑥 이런 말을 던졌습니다.

"도련님들 저하고 산에 가지 않을래요? 산새 알도 있고, 재밌는 게 많아요."

"뭐, 산새 알? 어떻게 생겼지? 어디 한 번 가 볼까?"

호기심이 생긴 친구들 은 하인을 따라가

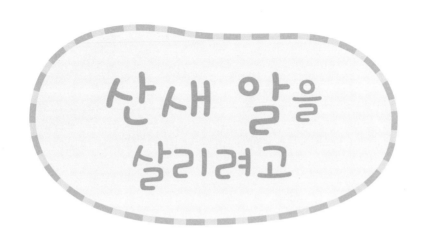

기 위해 일어섰습니다. 황희는 그다지 내키지 않아서 자리에
앉은 채 주춤거렸습니다.

"황희, 너도 함께 가자."

"산새 알은 봐서 뭐해?"

"집에 가져와서 키우자. 암탉한테 안겨 주면 품을지도 모르
잖아."

황희는 친구들이 잡아끄는 바람에 하는 수 없이 뒤를 따랐
습니다.

얼마쯤 길을 가던 황희는 하인 옆으로 다가가 살며시 물어
보았습니다.

"산에 가면 정말 산새 알이 있어?"

"그럼요. 제가 미리 봐 둔 게 있어요. 알록달록한 산새 알 다
섯 개가 참 앙증맞더라고요."

하인이 어깨를 으쓱거리며 말했습니다.

황희는 한쪽 눈을 찡긋해 보이면서 하인에게 속삭였습니다.

"내가 선물을 줄 테니까, 산새 알이 있는 곳을 아이들에게

일러 주지 마."

하인은 어리둥절한 눈으로 황희를 바라보았습니다.

"아니, 왜요? 도련님이 다섯 개를 다 차지하시려고요?"

"나중에 말해 줄게. 꼭 내가 시킨 대로 해야 해."

황희는 하인과 손가락을 걸고 약속했습니다. 다른 아이들은 그런 줄도 모르고 수다를 떨면서 산으로 올라갔습니다.

하인은 일부러 산새 알이 있는 데로 가지 않고 다른 곳을 뒤적거렸습니다.

"어, 이상하다. 분명히 이 부근이었는데, 왜 없지? 내가 잘못 보았나?"

하인이 계속 허탕을 치자 아이들은 시들해졌습니다.

"에이, 공연히 헛수고만 했잖아!"

아이들은 저마다 한마디씩 투덜거리면서 산

에서 내려왔습니다.

그날 저녁이었습니다. 하인이 황희를 찾아왔습니다.

"저어, 선물을 주신다고 했죠?"

황희는 달걀 다섯 개가 든 꾸러미를 건네주었습니다.

하인은 입을 함지박만 하게 벌리며 웃었습니다.

"고맙습니다, 도련님! 그럼, 안녕히 계십시오."

"아니, 잠깐만 기다려. 나는 아직 산새 알을 못 보았잖아. 미안하지만 나에게 산새 알을 보여 줘."

"지금 날이 이렇게 어두운데 어떻게 산새 알을 보러 가요?"

"내 눈으로 보기 전에는 믿을 수가 없어."

"아유, 제가 거짓말을 하겠어요? 내일 아침 일찍 함께 산으로 가요. 산새 알 다섯 개를 똑똑히 보여 드릴 테니까요."

"내일은 안 돼. 내가 바쁘니까 다음에 가서 보기로 해. 대신, 그때까지 달걀을 먹으면 안 돼."

"에이, 어떻게 달걀을 눈앞에 두고 안 먹을 수 있어요! 차라리 이걸 도련님이 갖고 있다가 산새 알을 본 뒤에 저에게 주세요."

하인은 시무룩한 얼굴로 달걀 꾸러미를 돌려주었습니다.

다음 날부터 하인은 틈만 나면 와서 산새 알을 보러 가자고 했습니다. 그러나 황희는 자꾸만 핑계를 대면서 가지 않았습니다.

황희는 보름이 지난 뒤에야 산에 가겠다고 했습니다. 하인은 신이 나서 한달음에 산으로 올라갔습니다.

"도련님! 바로 여기예요. 여기에 산새 알이 있다고요!"

하인은 지겟작대기로 풀숲을 헤치며 둥지를 가리켰습니다. 다가가서 살폈지만 둥지 안에 산새 알은 없고 껍데기만 들어 있었습니다.

"어어! 왜 껍데기뿐이지? 분명히 다섯 개가 있었는데……."

황희는 소리를 내어 웃었습니다.

"하하하! 아주 잘됐어! 산새 알들은 모두 새가 되어 날아갔으니 말이야."

"피, 도련님은 뭐가 좋아서 그렇게 웃으세요? 저는 속이 상

해 죽겠는데……."

"산새 알을 살렸으니 기쁘지 않아? 자, 이제 달걀을 줄 테니 맛있게 먹어."

하인은 그제야, 황희가 산새 알을 살리기 위해 꾀를 내었다는 걸 알았습니다.

"도련님은 보통 분이 아니시군요. 그런 줄도 모르고 저는 먹는 것만 밝혔으니, 죄송해요."

하인은 그 뒤부터 황희를 만나면 마치 어른을 대하는 것처럼 공손하게 대했습니다.

참는 게
제일

황희와 친구들이 밤늦게 서당에서 돌아오는 길이었습니다.
저쪽에서 술에 취한 사람이 비틀거리며 걸어왔습니다. 차림
으로 보아 다른 집 머슴 같았습니다. 아이들은 얼른 길을 비켜
주었습니다. 그런데 술 취한 머슴은 일부러 한 아이에게 툭 부
딪쳤습니다.

"왜 그래? 앞이 안 보이는 거야?"

그 아이는 술 취한 머슴을 보고 큰 소리로 따졌습니다. 옛날
에는 아이들이라도 양반이면 신분이 낮은 머슴들에게 반말을

했습니다.

"뭐라고? 이놈이 어른에게 감히 반말을 하네! 넌 어느 집 자식이기에 이렇게 건방지냐?"

술 취한 머슴은 그 아이를 때리려고 달려들었습니다. 머슴의 몸집이 커서 주먹으로 한 대 때리면 저만큼 날아가 나자빠질 것 같았습니다.

이때 한 아이가 앞으로 쓱 나섰습니다.

"길을 미처 비키지 못한 우리가 잘못했으니 이제 그만 해."

그 아이는 황희였습니다.

"허, 이놈 봐라. 사과하는 건 좋은데, 너도 어른인 나에게 반말을 하고 있잖아."

그러자 황희는 공손하게 허리를 숙이며 말했습니다.

"알겠소. 정식으로 사과할 테니 어서 가던 길을 가시오."

머슴은 눈을 동그랗게 뜬 채 한참 동안 황희를 바라보더니 씩 웃었습니다.

"진작 그렇게 할 일이지. 너희들, 오늘 운이 좋은 줄이나 알

아라. 내가 오늘 속상한 일이 있어서 누구든지 걸리기만 하면 크게 혼을 내 주려고 했다. 하지만 이 애를 봐서 참아 주마."

그러고 나서 머슴은 비틀비틀 걸어갔습니다. 꼼짝도 못 하고 있던 아이들이 그제야 마구 떠들어 댔습니다.

"어디 사는 놈인지 뒤를 밟아 보자."

"그래, 저놈 집을 알아 두었다가 어른들께 이르자."

그 말을 듣고 황희가 말렸습니다.

"얘들아, 내버려 둬. 저 사람 옷차림을 보니 남의 집 머슴 같아. 술 먹고 제정신이 아닌 사람을 벌주면 뭐 하니? 그냥 우리가 참자. 아무 일도 없었잖아."

"하긴 그래. 황희 말이 옳아. 양반이 상놈하고 싸우면 안 되지, 헤헤."

친구들은 황희의 말이 옳다고 고개를 끄덕거렸습니다.

어른보다 나은
아이

무더운 여름날이었습니다.

황희가 느티나무 그늘 밑에서 쉬고 있는데, 어떤 사람이 당나귀를 몰고 가다 진흙 구덩이에 빠졌습니다. 당나귀는 무거운 짐을 짊어지고 있어서 그런지 진흙탕에서 쉽게 빠져나오지 못했습니다.

"이놈아, 어서 나와라!"

주인이 채찍으로 사정없이 때렸지만 당나귀는 질퍽거리는 진흙 구덩이에서 나오지 못하고 쩔쩔맸습니다.

“허, 이놈이 또 말을 안 듣네!”

주인은 채찍으로 당나귀 엉덩이를 마구 후려쳤습니다.

황희는 당나귀가 얻어맞는 것을 보니 마음이 아팠습니다. 그래서 주인에게 다가가서 부탁했습니다.

“아저씨, 당나귀가 불쌍하니 그만 때리세요.”

“내가 오죽하면 때리겠니? 아직도 갈 길이 먼데 여기서 꼼짝을 못하니 큰일이다. 후유!”

그때, 신나는 구경거리라도 만났다는 듯 동네 아이들이 우르르 몰려들었습니다. 그러자 당나귀 주인은 허공에다 채찍을 휘두르며 겁을 주었습니다.

“저리 가라, 이놈들! 남은 힘들어서 죽을 지경인데 뭐가 재미있다고 웃는 게냐?”

한 아이가 채찍을 피하며 이렇게 말했습니다.

“짐이 무거워서 그럴 테니, 내려놓고 잡아당겨 보세요.”

황희는 그 말을 듣고 무릎을 쳤습니다.

‘아, 그렇구나! 짐이 무거워서 못 나오는데 때리기만 했네.’

주인도 그 말을 듣고서야 당나귀의 짐이 눈에 들어왔습니다. 마음이 하도 급해서 짐을 내려놓을 생각도 못한 채 당나귀를 때렸던 것입니다.

주인은 당나귀 등에 얹었던 짐을 다 내려놓았습니다. 그러자 당나귀는 진흙 구덩이에서 쉽게 빠져나왔습니다.

구경하고 있던 어른들이 모두 나서서, 내려놓은 짐을 다시 당나귀 등에 실어 주었습니다. 당나귀 주인은 어른들에게 일일이 절을 하며 고맙다고 했습니다.

그걸 본 황희가 당나귀 주인에게 말했습니다.

"아저씨, 저 아이에게도 고맙다는 인사를 해야죠."

황희는 짐을 내려놓으라고 가르쳐 준 아이를 가리켰습니다. 당나귀 주인은 황희의 말을 듣고 그 아이에게도 인사를 했습니다.

황희는 그 아이를 보면서 이런 생각을 했습니다.

'아이가 어른보다 더 나을 때도 있구나. 나도 열심히 공부해서 지혜로운 사람이 되어야지.'

황희 | 백성들을 위해 깨끗한 정치를 편 황희 정승의 모습입니다.

황희는 멀어져 가는 당나귀 뒷모습을 한참 바라보다가 집으로 발걸음을 돌렸습니다.

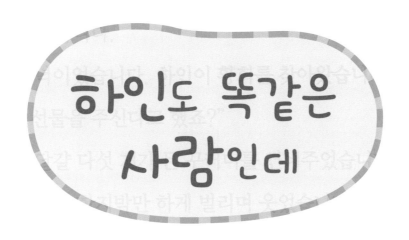

하인도 똑같은 사람인데

황희는 집에서 일을 도와주는 하인들과도 가깝게 지냈습니다. 황희의 부모님이 하인들에게도 잘 대해 주라고 늘 말씀하셨기 때문입니다.

집에는 황희 또래인 '먹보'라는 하인이 있었습니다.

먹보는 부모님이 일하느라 바쁘기 때문에 어린 동생을 자주 업어 주었습니다.

먹보는 동생을 업고 이리저리 돌아다니다가 황희의 방 앞으로 갔습니다. 아기는 황희 방 앞에만 가면 울음을 뚝 그쳤습니

다. 방 안에서 큰 소리로 책을 읽는 황희의 목소리가 자장가처럼 들렸기 때문입니다. 먹보의 동생은 언제 울었냐는 듯이 콜콜 잠이 들었습니다.

그러던 어느 날, 먹보의 아버지인 박 서방이 그 모습을 보았습니다.

"이놈아, 거기 그렇게 서 있으면 도련님이 글공부하시는 데 방해가 되잖아. 이제부터 도련님 방 앞에는 얼씬도 하지 마라. 알았느냐?"

먹보는 아버지한테 야단을 맞은 뒤로는 황희 방 앞에 가지 않았습니다.

황희는 먹보가 보이지 않자 궁금했습니다. 그래서 바람도 쐴 겸 먹보가 있는 방 쪽으로 걸어갔습니다. 방 안에서 먹보의 동생이 우는 소리가 들렸습니다. 먹보는 동생을 달래느라 진땀을 빼고 있었습니다.

"먹보야, 왜 밖으로 나오지 않니?"

먹보가 방문을 열고 밖을 내다보았습니다.

"아, 도련님이시군요. 아버지가 도련님 공부하시는 데 방해
된다고 가지 말라고 했어요."

"난 괜찮다. 그러니 언제든지 동생을 업고 오너라."

먹보는 싱글벙글 웃으며 동생을 업고 황희 방 앞으로 갔습
니다. 그때 산에서 나무를 해 오던 박 서방이 먹보를 보았습니
다. 박 서방은 버럭 화를 냈습니다.

"아니, 이놈이! 그렇게 일렀는데도 말을 안 듣네."

박 서방이 먹보를 또 야단치자 황희가 방문을 열고 타일렀
습니다.

"여보게, 박 서방. 내가 오라고 했으니 야단치지 말게. 난
아기가 울어도 괜찮아. 오히려 아기 우는 소리보다 더 큰 소리
로 책을 읽게 되니까 공부에 도움이 되네."

"도련님, 죄송합니다!"

박 서방은 부끄러워서 고개를 푹 숙인 채 아무 말도 못했습
니다.

다음 날이 되었습니다. 하루 종일 먹보가 보이지 않았습니

다. 황희는 먹보가 있는 방 앞으로 갔습니다.

방 안에서 도란도란 이야기를 하는 소리가 들렸습니다.

"우리 도련님은 참 마음이 넓지요? 다른 댁 도련님 같으면
아기가 운다고 짜증을 냈을 거예요. 그런데 아기를 데리고 와

도 된다고 하시니, 얼마나 훌륭한 분이에요?"

먹보 어머니의 말이 끝나기 무섭게 박 서방의 목소리도 흘러나왔습니다.

"우리 도련님은 앞으로 큰 인물이 될 거요. 우리 아기 때문에 방해가 되지 않게 합시다. 당신이 바쁘더라도 일찍 와서 아기가 울지 않게 신경을 좀 써요."

"그렇게 할게요. 도련님이 공부를 열심히 해서 과거 시험에 장원으로 합격하시면 좋겠어요."

황희는 먹보 부모님이 하는 말을 들으며 마음속으로 생각했습니다.

'마음씨가 참 고운 사람들이구나. 하인들도 똑같은 사람인데, 양반들이 늘 무시하는 게 문제야.'

황희는 여느 양반들과 달리, 하인들을 깔보지 않고 잘 대해 주었습니다.

소에게도 말조심을

키가 부쩍 자란 황희는 공부를 잘했습니다. 그런 까닭에, 만나는 사람마다 칭찬을 하다 보니 황희는 자신도 모르게 말을 함부로 하게 되었습니다.

어느 날 황희는 친구 집에 놀러 가다가 나무 그늘 아래에서 잠시 쉬었습니다.

마침 가까운 곳에서 농부가 소 두 마리를 부리며 일을 하고 있었습니다. 소는 털 빛깔이 서로 달랐지만 몸집은 비슷했습니다.

농부가 일하는 것을 무심코 지켜보던 황희는 문득 궁금증이 일어 이렇게 물었습니다.

"여보시오, 농부님. 소 두 마리 중에서 어떤 소가 일을 더 잘합니까?"

그러자 농부는 일손을 멈추고 황희에게 다가왔습니다. 그리고는 황희의 귀에 입을 바싹 대고 조용히 말했습니다.

"저기 누런 소가 검은 소보다 일을 더 잘합니다."

황희는 농부의 행동이 참 우스웠습니다.

"하하, 그게 무슨 큰 비밀이라고 여기까지 와서 속삭이는 거요? 거참, 저 소들이 사람 말을 알아듣기라도 한답니까?"

"그럼요, 소도 다 알아듣지요. '이랴!' 하면 앞으로 가고, '워워!' 하면 서지 않습니까?"

"에이, 그렇게 쉬운 말이야 알아듣겠지만, 다른 말을 어떻게 알아듣겠습니까?"

"그렇지 않습니다. 소가 비록 말은 못해도 눈치 하나는 무척 빠르답니다. 저 소들은 쇤네와 함께 무려 10년을 같이 지냈기 때문에 목소리의 높낮이만으로도 무슨 말인지 다 압니다. 그러니 말 못하는 짐승이라고 함부로 대하면 안 되지요."

황희는 농부의 말을 듣고 얼굴이 화끈 달아올랐습니다.

'농사짓는 노인에게도 배울 점이 많구나! 그래, 맞아. 소든 사람이든 말을 함부로 하면 듣기 싫을 거야…….'

그 뒤부터 황희는 어디를 가나 말을 조심해서 했습니다.

오줌을 싸고 발로 밟아도

황희는 영의정이라는 높은 벼슬자리에 있었지만 집에 돌아오면 여느 할아버지들처럼 인자했습니다.

황희는 아이들을 무척 좋아했습니다. 그래서 날마다 많은 아이들이 황희 방으로 우르르 몰려들었습니다. 이웃집 아이들도 오고, 하인의 자식들까지도 찾아왔습니다.

"정승 할아버지, 안녕하세요?"

"오냐, 어서 오너라!"

황희는 그 아이들을 일일이 안아 주고 업어 주었습니다.

49

한번은 무릎 위에 앉혔던 어린아이가 오줌을 쌌습니다. 황희는 바지가 젖었는데도 화를 내지 않았습니다.

황희는 오줌 싼 아이를 업은 채 밖으로 나가서 책을 읽었습니다. 아이는 그 소리를 자장가 삼아 잠이 들었습니다. 그러는 동안, 젖었던 황희의 바지가 햇볕에 다 말랐습니다. 그렇지만 오줌 싼 자국이 노랗게 남아 있었습니다.

이것을 본 부인이 깜짝 놀라 말했습니다.

"이런, 세상에! 아이가 오줌을 쌌군요. 어서 옷을 갈아입으세요."

그러나 황희는 태연하게 말했습니다.

"괜찮소. 나도 어렸을 때는 이렇게 오줌을 쌌겠지요."

황희는 웃으면서 아이들과 어울려 놀았습니다.

어느 날, 황희가 붓글씨를 쓰고 있을 때 하인의 딸이 아장아장 걸어왔습니다. 아이의 발에는 흙이 잔뜩 묻어 있었습니다.

"할아부지! 어부바!"

아이는 황희 등에 매달리려고 버둥거리다가 화선지를 밟아

버렸습니다. 흙 묻은 발이었기 때문에 정성 들여 써 놓은 글씨를 버려야만 했습니다.

마침 하인이 나가다가 그 모습을 보았습니다. 하인은 자신의 딸이 크게 혼날 줄 알고 가슴이 덜컥 내려앉았습니다.

하지만 황희는 아이를 무릎에 앉히고 이렇게 말했습니다.

"허허, 이 글씨는 버려야겠구나."

황희는 아무렇지도 않은 듯 화선지를 구겨서 버리고 글씨를 다시 썼습니다. 그 모습을 본 하인은 크게 감동했습니다.

'우리 대감님은 마음이 바다처럼 넓은 분이야! 저런 분을 모시고 사니 얼마나 큰 복인가!'

황희 집에 있는 하인들은 고마운 마음을 갖고 더욱 열심히 일했습니다.

돌 던진 아이들에게 선물을?

가을이 되자 황희 정승 집 배나무에 주렁주렁 배가 열렸습니다. 툭! 딱! 투닥, 딱! 어디선가 돌멩이 던지는 소리가 들렸습니다. 황희는 방문을 열고 밖을 내다보았습니다. 동네 개구쟁이 꼬마들이 담 밑에서 배나무를 향해 돌멩이를 던지고 있었습니다.

그런데 배가 연방 담 안쪽으로만 떨어지는 것이었습니다. 자신들 쪽으로는 배가 떨어지지 않자, 아이들은 약이 올라 더 열심히 돌팔매질을 했습니다.

해마다 가을이면 늘 되풀이되는 일입니다. 그걸 지켜보고 있던 황희는 큰 소리로 하인을 불렀습니다. 돌을 던지던 아이들이 깜짝 놀라서 멀리 달아났습니다.

"대감마님, 부르셨습니까?"

"오냐. 저 배나무에 열린 배를 따서 동네 아이들 집에 골고루 나누어 주고 오너라."

그 말을 듣고 하인은 눈을 동그랗게 뜬 채 물었습니다.

"예에? 돌을 던진 아이들에게 선물을 주라고요? 그 녀석들이 얼마나 못된 아이들인지 아십니까? 날마다 떼 지어 몰려와서 돌을 던지는 바람에 배가 모두 상했답니다."

"얼마나 먹고 싶으면 그랬겠느냐? 멍든 배는 놓아 두고 성한 것만 따서 갖다 주어라."

하인은 못마땅했지만 황희가 시키는 대로 동네 아이들 집을 찾아다니며 배를 나누어 주었습니다.

동네 개구쟁이 아이들은 혼이 날 줄 알았는데 뜻하지 않게 배를 받자 어리둥절했습니다.

"도대체 이게 어찌 된 일이야?"

"야, 우리 앞으로는 황 정승 댁에 돌 던지지 말자."

한 아이가 이렇게 말하자 다른 아이들도 두말없이 고개를 끄덕였습니다. 그 뒤부터는 아무도 황희 정승 집에 돌을 던지지 않았습니다.

네 말도 옳다!

맹사성은 좌의정으로서, 세종 임금 밑에서 영의정인 황희와 함께 일했습니다. 황희보다 세 살이 많았지만 좋은 친구로 지냈습니다.

맹사성은 인품이 너그럽고 돈을 모을 줄 몰라 늘 가난하게 살았습니다. 바깥나들이를 할 때에도 말을 탈 형편이 안 되어 소를 타고 다니기도 했습니다. 그런 맹사성의 성격은 황희와 닮은 점이 많았습니다.

맹사성도 퍽 훌륭한 신하였지만, 황희가 18년이나 영의정을 하는 바람에 그 자리까지 오르지는 못했습니다. 그런데도 두 사람은 시샘하지 않고 아주 정답게 지냈습니다.

어느 날, 맹사성이 황희 집에 놀러 왔습니다.

"으흠, 오늘은 제가 단단히 벼르고 왔습니다. 쉽게 물러서지 않을 겁니다. 허허허."

맹사성이 황희에게 자신만만한 얼굴로 말했습니다.

"그러신가요? 그럼 어디 시작해 봅시다. 껄껄껄."

황희는 바둑판을 내어 놓으며 크게 웃었습니다.

그때였습니다. 여자 하인들이 머리채를 잡고 싸우는지, 밖이 소란스러웠습니다. 시끌벅적한 소리가 한참 동안이나 이어졌습니다.

조금 뒤 삼월이가 눈물을 뚝뚝 흘리며 달려왔습니다.

"대감마님, 사월이가 너무합니다. 제 빨랫방망이가 없어서 사월이 것을 잠시 빌려 썼는데, 저보고 도둑이라고 욕을 합니다. 사월이도 그전에 제 비녀를 빌려 쓴 적이 있습니다. 친구 사이에 이런 일을 두고 도둑이라고 하니, 사월이가 잘못한 것

이지요?"

황희는 바둑돌을 놓으며 삼월이 말에 맞장구를 쳤습니다.

"그래, 네 말이 옳다!"

삼월이는 신이 나 사월이한테 가서 자랑을 했습니다.

그러자 사월이가 분해서 어쩔 줄 모르겠다는 얼굴로 숨이 가쁘게 달려왔습니다.

"대감마님, 삼월이 말을 믿지 마십시오. 삼월이는 얌체입니다. 아무 말도 없이 남의 물건을 가져가서 제 마음대로 씁니다. 그런 일이 한두 번이 아니라서 도둑이라고 놀렸을 뿐인데, 어째서 제가 잘못했습니까? 삼월이는 나쁜 손버릇을 고쳐야 합니다."

황희는 바둑판에 눈길을 둔 채 고개를 끄덕였습니다.

"그래, 네 말도 옳다."

그 말을 듣고 사월이는 신바람이 나서 어깨춤을 추며 물러갔습니다.

맹사성은 황희의 말을 이해할 수가 없어서 바둑 두던 손을 잠시 멈추고 참견을 했습니다.

"허, 그것 참! 잘못한 사람을 가려서 야단을 쳐야지 둘 다 옳다고 하면 어떡합니까?"

황희는 그 말을 듣고 이렇게 대답했습니다.

"맹 정승 말씀도 옳습니다."

맹사성은 기가 막혀서 더 이상 아무 말도 하지 않았습니다. 그런데 조금 뒤에 사월이가 와서 잘못을 빌었습니다.

"대감마님, 제가 잘못했습니다. 제가 조금만 참았더라면 아무 일도 없었을 텐데……. 집 안에서 큰소리를 내다니, 정말 죄송합니다."

그러자 곧 삼월이도 와서 제 잘못을 뉘우쳤습니다.

"아닙니다, 대감마님! 제가 잘못해서 싸움이 벌어졌습니다. 앞으로는 조심하겠습니다."

"오냐, 그래야지. 사이좋게 지내라."

옆에 있던 맹사성이 입을 딱 벌리며 감탄했습니다.

"제가 배울 점이 많습니다. 둘 다 옳다고 해도 결국 자신들

황희 선생 영당지 | 황희의 업적을 기리기 위해 후손들이 영정을 모시고 제사를 지내는 곳으로, 경기도 파주시 문산읍 사목리에 있습니다. 경기도 기념물 제29호.

의 잘못을 깨닫게 되는군요. 때리거나 야단치는 것보다 스스로 깨닫게 하는 것이 참 보기 좋습니다."

"허허, 그 말씀도 옳습니다."

황희의 말에 맹사성은 배를 잡고 웃었습니다.

황희도 기분 좋게 따라 웃었습니다.

늙은 정승

황희는 일흔일곱 살이 되자 영의정 일을 그만하고 싶었습니다. 힘도 들었지만, 젊은 신하들에게 자리를 양보해야겠다는 마음도 있었습니다. 하지만 황희가 아무리 그만두겠다고 해도 세종 임금은 허락을 하지 않았습니다.

황희가 여든 살이 되자 세종 임금은 지팡이를 하나 구해 주었습니다.

"황 정승! 다리가 아파서 걷기에 불편할 테니 이 지팡이를 짚고 다니시오."

황희 동상 | 청백리의 으뜸 황희 정승의 동상으로, 반구정에 있습니다.

반구정 | 황희 정승이 나이가 들어 관직을 사양하고 고향에 돌아와 시를 짓던 정자입니다.

황희는 고마운 마음으로 받았지만, 대궐 안에서는 쓰지 않았습니다. 세종 임금은 황희가 지팡이를 짚고 다니지 않자 이렇게 물었습니다.

"황 정승! 내가 대궐 안에서 지팡이를 짚고 다녀도 좋다고 했는데, 왜 쓰지 않는 것이오?"

"허락은 받았지만 예법에 어긋나는 일입니다. 지금까지 아무도 대궐 안에서 지팡이를 짚은 적이 없는데 저만 쓸 수는 없습니다."

"그러면 지팡이는 집에다 두고 다니는 거요?"

황희는 옷 속에 감추어 둔 지팡이를 꺼냈습니다.

"상감마마, 염려하지 마십시오. 저는 지팡이를 아주 좋은 일에 쓰고 있습니다."

"오호, 좋은 일이라니, 그게 무엇인가요?"

세종 임금이 궁금해하자 황희는 빙그레 웃으며 말했습니다.

"제가 일을 마치고 집으로 돌아갈 무렵이면 손자 녀석이 마을 입구까지 마중을 나옵니다."

"그래서요?"

"손자 녀석은 저를 보자마자 손부터 쓱 내밉니다."

"오라, 먹을 것을 달라는 뜻이겠지요?"

"아닙니다. 지팡이를 내밀어 달라는 뜻입니다. 그 녀석은 지팡이 끝을 쥐고서 저보고 눈을 꼭 감으라고 합니다."

세종 임금은 그제야 황희의 말뜻을 알아차렸습니다.

"아하! 손자가 장님놀이를 하자는 것이군요."

"그렇습니다. 저는 손자가 지팡이를 잡고 이끄는 대로 졸졸 따라가기만 하면 됩니다. 저는 그 놀이를 할 때가 가장 행복합니다."

"지팡이가 그런 일에 쓰일 줄은 몰랐네요. 황 정승은 참 재미있게 사시는구려."

"선물로 주신 지팡이 덕분에 장님놀이를 할 수 있어서 정말 좋습니다."

세종 임금은 기분이 좋은지 모처럼 큰 소리로 웃었습니다.

"허허허! 황 정승을 기쁘게 해 주는 손자에게도 상을 주어야 겠어요."

황희는 세종 임금 밑에서 오래 일하다가 여든일곱 살이 되

어서야 비로소 영의정에서 물러날 수 있었습니다. 그리고는 아흔 살의 나이로 세상을 떠났습니다.

황희가 죽자 많은 백성들이 흰 옷을 입고 거리로 나와 큰 소리로 울었습니다.

연 대	발 자 취
1363년(1세)	개성에서 황군서의 아들로 태어나다.
1383년(21세)	과거 시험을 처음으로 보아 생원시에 합격하다.
1389년(27세)	과거 시험에서 문과에 급제하다.
1390년(28세)	지금의 대학 교수와 같은 성균관 학관이 되다.
1400년(38세)	형조, 예조, 병조, 이조에서 여러 가지 중요한 일을 맡아보다.
1405년(43세)	태종의 신임을 받아 승정원 도승지가 되다.
1410년(48세)	죄인들에게 벌을 주는 일을 관장하는 대사헌이 되다.
1411년(49세)	지금의 장관과 같은 병조 판서, 예조 판서를 맡아보다.
1415년(53세)	이조 판서가 되어 나라를 잘 다스리다.
1418년(56세)	태종의 잘못을 바로잡으려고 하다가 미움을 받아 귀양을 가다.
1422년(60세)	귀양에서 풀려나 예조 판서가 되다.
1426년(64세)	강원도 관찰사가 되어 백성들이 흉년을 이겨 내도록 도와주다.
1427년(65세)	영의정 다음으로 높은 벼슬인 좌의정에 오르다.
1431년(69세)	지금의 국무총리와 같은 영의정이 되어 많은 일을 하다.
1433년(71세)	함경도에 가서 적군이 쳐들어오지 못하게 성을 쌓고 군사들을 훈련시키다.
1449년(87세)	영의정을 18년이나 한 끝에 벼슬에서 물러나다.
1452년(90세)	세상을 떠나자 임금이 '익성공'이라는 시호를 내리다.

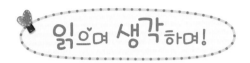

읽으며 생각하며!

1. 황희가 태어난 곳은 어디인가요?

_____

2. 다음 상황에서 황희는 두 아이를 화해시키기 위해 어떤 행동을 했나요?

"흥, 잘난 척하지 마. 이런 건 아무나 만들 수 있어!"

그걸 지켜보던 한 친구가 주먹을 불끈 쥐고 나섰습니다.

"네가 뭔데 남의 집을 함부로 부수는 거야? 내 주먹 맛 좀 볼래?"

"너 지금 나한테 덤비겠다는 거냐? 좋아, 한판 붙자!"

두 아이가 주먹을 쳐들며 싸우려는 순간이었습니다.

황희가 중간에 나서서 말렸습니다.

"잘 놀다가 왜들 싸우는 거야? 적과 싸워야지, 우리끼리 싸우면 되겠니?"

그러나 두 아이는 싸움을 그치지 않았습니다.

_____

_____

3. 황희는 어떤 벼슬자리까지 올라갔나요?

_____

_____

4. 다음 보기 글에서 황희는 '제정신이 아닌 사람을 벌주면 뭐하니? 그냥 우리가 참자.'고 합니다. 우리 조상들은 이와 같이 '참는 게 미덕'이라고 생각해 왔습니다. 여기에 대한 자신의 의견을 말해 보세요.

"어디 사는 놈인지 뒤를 밟아 보자."
"그래, 저놈 집을 알아 두었다가 어른들께 이르자."
그 말을 듣고 황희가 말렸습니다.
"얘들아, 내버려 둬. 저 사람 옷차림을 보니 남의 집 머슴 같아. 술 먹고 제정신이 아닌 사람을 벌주면 뭐하니? 그냥 우리가 참자. 아무 일도 없었잖아."
"하긴 그래. 황희 말이 옳다. 양반이 상놈하고 싸우면 안 되지."
친구들은 황희의 말이 옳다고 고개를 끄덕거렸습니다.

5. 청렴결백하지 못한 행동으로 신문이나 텔레비전 뉴스에 오르내리는 국회 의원이나 공직자들을 종종 볼 수 있습니다. 황희 정승이 지금까지도 청백리의 대표로 손꼽히는 것은 그가 높은 벼슬자리에 있으면서도 깨끗하게 살았기 때문이지요. 높은 자리에 올랐을 때 청렴결백하기란 정말 힘이 들까요? 자신의 생각을 적어 보세요.

6. 다음 보기 글은 '말'이 얼마나 중요한지에 대해 깨닫게 합니다. 속담을
   적절하게 인용하면서, 말의 중요성에 대해 논리적으로 서술해 보세요.

"하하, 그게 무슨 큰 비밀이라고 여기까지 와서 속삭이는 거요? 거참, 저 소들이 사람 말을 알아듣기라도 한답니까?"

"그럼요, 소도 다 알아듣지요. '이랴!' 하면 앞으로 가고, '워워!' 하면 서지 않습니까?"

"에이, 그렇게 쉬운 말이야 알아듣겠지만, 다른 말을 어떻게 알아듣겠습니까?"

"그렇지 않습니다. 소가 비록 말은 못해도 눈치 하나는 무척 빠르답니다. 저 소들은 쇤네와 함께 무려 10년을 같이 지냈기 때문에 목소리의 높낮이만으로도 무슨 말인지 다 압니다. 그러니 말 못하는 짐승이라고 함부로 대하면 안 되지요."

황희는 농부의 말을 듣고 얼굴이 화끈 달아올랐습니다.

1. 개성

2. 자신이 만든 수수깡 집을 발로 차서 망가뜨렸다.

3. 영의정

4. 예시 : '화병'을 가진 사람이 우리나라에 유독 많다고 한다. '참는 게 미덕'이라는 조상들의 사고 방식이 지금까지 이어져 온 때문인지도 모른다. 피해를 당하면서도 무조건 참는 것은 어리석은 일이다. 억울하게 누명을 쓸 수도 있고, 마음의 병을 얻을 수도 있기 때문이다. 또한, 옳지 않은 일이 벌어지는데도 '내게는 아무런 피해도 없다.'며 못 본 척 넘어가는 것은 이기적인 행동이다. 무조건 참거나 무턱대고 화를 내기보다는, 잘못된 일이라면 차분하게 따져 바로잡는 것이 몸과 마음의 건강을 위해 바람직한 행동일 것이다.

5. 예시 : 높은 자리에 앉아 있으면, 마음먹기에 따라서는 하고 싶은 일을 다 할 수 있고 갖고 싶은 것도 다 가질 수 있을 것이다. 자신의 뜻과는 달리 주위에서 끊임없이 아첨하고 뇌물을 바치면, 겸손하게 아랫사람들을 섬기며 청렴결백한 생활을 하기는 쉽지 않을 것 같다. 황희 정승이 지금까지 청백리로 칭송받는 이유는 그런 유혹들을 뿌리쳤기 때문이다. 오늘날의 정치인들 역시 자신의 이익을 탐하지 않고, 국민을 섬기는 자세로 정치를 한다면 후대에 길이길이 남는 위인이 될 수 있을 것이다.

6. 예시 : '발 없는 말이 천 리 간다.'는 속담이 있다. 말이나 소문은 쉽게 퍼지기 때문에 항상 조심해야 한다는 뜻이다. 말은 한번 입에서 나오면 다시 주워 담을 수 없다. 그렇기 때문에 말을 하기 전에 한 번 더 잘 생각해 보는 것이 중요하다. 그런가 하면 '말 한 마디로 천 냥 빚을 갚는다.'는 속담도 있다. 악한 말이나 정확하지 않은 소문은 날카로운 칼이 되어 다른 사람의 마음에 상처를 입힐 수 있는 반면에, 선하고 아름다운 말은 보이지 않는 향기를 퍼뜨리는 희망의 꽃씨가 될 수 있다.

상단 인물 (한국사)

최무선
(1328~1395)

한석봉
(1543~1605)

신사임당
(1504~1551)

이순신
(1545~1598)

황희
(1363~1452)

이이
(1536~1584)

세종
대왕
(1397~1450)

오성과
한음
(오성 1556~
1618 /
한음 1561~
1613)

광개토
태왕
(374~412)

연개
소문
(?~666)

장보고
(?~846)

허준
(1539~1615)

장영실
(?~?)

을지문덕
(?~?)

김유신
(595~673)

대조영
(?~719)

왕건
(877~943)

강감찬
(948~1031)

유성룡
(1542~1607)

주요 사건

고구려
살수
대첩
(612)

견훤
후백제
건국
(900)

문익점
원에서
목화씨
가져옴
(1363)

허준
동의보감
완성
(1610)

신라
삼국
통일
(676)

궁예
후고구려
건국
(901)

고려
강화로
도읍
옮김
(1232)

최무선
화약
만듦
(1377)

병자
호란
(1636)

고조선
건국
(B.C. 2333)

철기
문화
보급
(B.C.
300년경)

고조선
멸망
(B.C. 108)

고구려
불교
전래
(372)

신라
불교
공인
(527)

대조영
발해
건국
(698)

장보고
청해진
설치
(828)

왕건
고려
건국
(918)

귀주
대첩
(1019)

윤관
여진
정벌
(1107)

개경
환도,
삼별초
대몽
항쟁
(1270)

조선
건국
(1392)

훈민
정음
창제
(1443)

임진
왜란
(1592~1598)

한산도
대첩
(1592)

상평
통보
전국
유통
(1678)

B.C.	선사 시대 및 연맹 왕국 시대			A.D. 삼국 시대				698 남북국 시대	918	고려 시대			1392		
2000	500	400	300	100	0	300	500	600	800	900	1000	1100	1200	1300	1400	1500	1600
B.C.	고대 사회					A.D. 375			중세 사회					1400		

하단 (세계사)

중국
황하
문명
시작
(B.C.
2500년경)

인도
석가모니
탄생
(B.C. 563년경)

알렉
산더
대왕
동방
원정
(B.C. 334)

크리
스트교
공인
(313)

수나라
중국
통일
(589)

이슬람교
창시
(610)

러시아
건국
(862)

거란
건국
(918)

제1차
십자군
원정
(1096)

테무친
몽골
통일
칭기즈
칸이 됨
(1206)

원 멸망
명 건국
(1368)

잔
다르크
영국군
격파
(1429)

코페르니
쿠스
지동설
주장
(1543)

독일
30년
전쟁
(1618)

게르만
민족
대이동
시작
(375)

수 멸망
당나라
건국
(618)

송 태종
중국
통일
(979)

원 제국
성립
(1271)

구텐
베르크
금속
활자
발명
(1450)

도요토미
히데요시
일본
통일
(1590)

영국
청교도
혁명
(1642~1649)

로마
제국
동서로
분열
(395)

뉴턴
만유
인력의
법칙
발견
(1665)

석가모니
(B.C. 563?~
B.C. 483?)

예수
(B.C. 4?~
A.D. 30)

칭기즈 칸
(1162~1227)

정약용
(1762~1836)

김정호
(?~?)

주시경
(1876~1914)

김구
(1876~1949)

안창호
(1878~1938)

안중근
(1879~1910)

우장춘
(1898~1959)

유관순
(1902~1920)

방정환
(1899~1931)

윤봉길
(1908~1932)

이중섭
(1916~1956)

백남준
(1932~2006)

이태석
(1962~2010)

이승훈
천주교
전도
(1784)

최제우
동학
창시
(1860)

김정호
대동여
지도
제작
(1861)

강화도
조약
체결
(1876)

지석영
종두법
전래
(1879)

갑신
정변
(1884)

동학
농민
운동,
갑오
개혁
(1894)

대한
제국
성립
(1897)

을사
조약
(1905)

헤이그
특사
파견,
고종
퇴위
(1907)

한일
강제
합방
(1910)

3·1
운동
(1919)

어린이날
제정
(1922)

윤봉길·
이봉창
의거
(1932)

8·15
광복
(1945)

대한
민국
정부
수립
(1948)

6·25
전쟁
(1950~1953)

10·26
사태
(1979)

6·29
민주화
선언
(1987)

서울
올림픽
개최
(1988)

북한
김일성
사망
(1994)

의약
분업
실시
(2000)

조선 시대	1876 개화기	1897 대한 제국	1910 일제 강점기	1948 대한민국

1700	1800	1850	1860	1870	1880	1890	1900	1910	1920	1930	1940	1950	1970	1980	1990	2000

근대 사회	1900 현대 사회

미국
독립
선언
(1776)

프랑스
대혁명
(1789)

청·영국
아편
전쟁
(1840~1842)

미국
남북
전쟁
(1861~1865)

베를린
회의
(1878)

청·
프랑스
전쟁
(1884~1885)

청·일
전쟁
(1894~1895)

헤이그
평화
회의
(1899)

영·일
동맹
(1902)

러·일
전쟁
(1904~1905)

제1차
세계
대전
(1914~1918)

러시아
혁명
(1917)

세계
경제
대공황
시작
(1929)

제2차
세계
대전
(1939~1945)

태평양
전쟁
(1941~1945)

국제
연합
성립
(1945)

소련
세계
최초
인공위성
발사
(1957)

제4차
중동
전쟁
(1973)

소련
아프가니
스탄
침공
(1979)

미국
우주
왕복선
콜럼비아
호 발사
(1981)

독일
통일
(1990)

유럽
11개국
단일
통화
유로화
채택
(1998)

미국
9·11
테러
(2001)

워싱턴
(1732~1799)

페스탈
로치
(1746~1827)

모차
르트
(1756~1791)

나폴
레옹
(1769~1821)

링컨
(1809~1865)

나이팅
게일
(1820~1910)

파브르
(1823~1915)

노벨
(1833~1896)

에디슨
(1847~1931)

가우디
(1852~1926)

라이트
형제
(형, 윌버
1867~1912 /
동생, 오빌
1871~1948)

마리
퀴리
(1867~1934)

간디
(1869~1948)

아문센
(1872~1928)

슈바이처
(1875~1965)

아인슈
타인
(1879~1955)

헬렌
켈러
(1880~1968)

테레사
(1910~1997)

만델라
(1918~2013)

마틴
루서 킹
(1929~1968)

스티븐
호킹
(1942~2018)

오프라
윈프리
(1954~)

스티브
잡스
(1955~2011)

빌
게이츠
(1955~)

2022년 1월 25일 2판 5쇄 **펴냄**
2014년 2월 25일 2판 1쇄 **펴냄**
2008년 5월 30일 1판 1쇄 **펴냄**

펴낸곳 (주)효리원
펴낸이 윤종근
글쓴이 김재원 · **그린이** 김옥재
사진 제공 중앙포토, 연합뉴스
등록 1990년 12월 20일 · **번호** 2-1108
우편 번호 03147
주소 서울시 종로구 삼일대로 457, 406호
전화 02)3675-5222 · **팩스** 02)765-5222

잘못 만들어진 책은 구입하신 서점에서 바꾸어 드립니다.
ISBN 978-89-281-0338-6 64990

이메일 hyoreewon@hyoreewon.com
홈페이지 www.hyoreewon.com